ENCORE

M. LE COMTE ANGLÈS,

PRÉFET DE POLICE,

SOUS LE MANTEAU

DE M. Jn . Fois. ANGLÈS, SON PÉRE,

ESCORTÉ PAR M. TASSIN , COLONEL

DE GENDARMERIE.

PARIS,

CHEZ { L'AUTEUR , rue Saint-Honoré , n. 340 ,
Et MM. les Libraires du Palais Royal.

Août , 1821.

De l'Imprimerie de Brasseur aîné,
rue Dauphine n° 36.

ENCORE

M. LE COMTE ANGLÈS,

PRÉFET DE POLICE,

Sous le manteau de M. Jean-François Anglès,
son père,
Escorté par M. Tassin, colonel de Gendarmerie.

L'Adresse aux Chambres, ou la Police sous MM. les duc de Cazes, baron Mounier et comte Anglès, est un *Pamphlet*, disent MM. Anglès, père et fils, et le colonel Tassin.

L'Adresse est revêtue de ma signature, elle est enregistrée au secrétariat de la présidence de la Chambre des Députés, à la date du 27 février 1821; elle a été distribuée à la commission des pétitions, sous le n°. 411. Elle relève des abus, elle demande que la Chambre les réforme, que S. Exc. le Ministre de la Justice ordonne la poursuite extraordinaire des coupables dans l'*enlèvement* des fonds qui a eu lieu en 1815, 1816 et 1817, dans la caisse militaire de la gendarmerie d'élite. Cette Adresse a, pour cause principale, un intérêt public; elle n'est donc pas un *Pamphlet*.

M. le colonel Tassin a cru que cette *Adresse* était un libelle diffamatoire contre son honneur et sa réputation, et il me poursuit comme calomniateur.

Les débats s'ouvriront devant la Cour d'Assises, le 13 août, et on verra si l'*Adresse* est un libelle.

J'observerai, en passant, que M. Tassin avait compris,

dans sa plainte, au nombre des faits de diffamation, celui qui avait rapport à ses visites, pendant les cent jours, chez M. le duc de Rovigo, pour obtenir du service dans la gendarmerie impériale, et encore celui qui concernait l'exécution du maréchal Ney.

Dans son *Mémoire imprimé*, il n'a pas reproduit ces deux faits qu'il avait indiques, cependant, comme portant atteinte à son honneur, et devant le livrer au mépris public.

Il n'en est pas question non plus dans l'ordonnance de renvoi devant la Cour d'assises.

Il faut donc reconnaître que M. Tassin les regarde comme constans.

Mais s'il est certain que M. Tassin s'est présenté après le retour de Bonaparte, à M. le duc de Rovigo, nommé premier inspecteur-général de la gendarmerie, M^r. Claveau, son avocat, a eu tort de dire que le 20 mars l'avait trouvé fidèle ; qu'il s'était arraché des bras de sa famille, qu'il avait couru déposer son épée aux pieds du Monarque légitime, et que sa place était marquée parmi les serviteurs éprouvés.

De M. Tassin, je passe rapidement à M. Anglès, père.

Si son âge commande mon respect, la plume dont il s'est servi, je dois la briser dans ses mains, comme un instrument de diffamation.

Je ne rappelerai que quelques-uns des faits importans dont son libelle est chargé.

Il affirme, 1° que son fils, à la sortie de l'école polythecnique, s'est destiné pour l'arme de l'artillerie et s'est rendu à Brest.

Mais il ne veut pas nous dire tout ce que son fils a fait dans Brest.

Eh bien, je répète qu'il a servi comme novice-timonier à bord du vaisseau le *Duquesne*, commandé par le capitaine Kerg.....; (l'on peut consulter sur la vérité de ce fait M. Kerg....., aujourd'hui contr'amiral en retraite, demeurant dans Paris.)

2° Il dit que son fils (Jules) a couru, en qualité d'intendant, en Silésie, à Salzbourg, à Vienne, à la suite des armees françaises, depuis 1806 jusqu'en 1809, et il raisonne ainsi : « La prison du Pape date du 6 juin 1809, et, comme mon fils n'est revenu d'Allemagne que sept mois après, il n'a pas pu prendre aucune part directe ou indirecte aux mesures adoptées *alors*, à l'encoutre de S. S. et du clergé romain ».

Je réponds : Le 9 juin 1809, l'établissement du Gou · vernement français a été solennellement proclamé au bruit du canon et du tambour ; mais le 10, au matin, toute la population de Rome se pressait autour de la chapelle *Monte-Cavatto*. Bientôt le Pape parut, porté sous un dais magnifique ; d'une voix ferme et vigoureuse, ce vénérable Pontife raconte à son peuple, dans les termes les plus simples, toutes les démarches de l'Empereur des Français, pour le forcer à céder sa souvéraineté temporelle, et à quitter Rome. Puis, élevant la voix, il prononce l'*anathéme* contre Napoléon, et *contre tous ceux* qui l'AIDENT à dépouiller l'Eglise Romaine.

Ces détails sont extraits de la page 315 du 2ᵉ. vol. du *Spectateur*, par M. Malte-Brun, édition de 1814.

Le Pape était bien en prison au milieu des armées

françaises , il a été enfermé et mis au secret à Fontainebleau , le

Bonaparte ne jugea pas à propos de conserver la *surveillance* des correspondances du Pape avec le clergé
romain , au chargé , *alors* , du 3ᵉ arrondissement de la
police , et il choisit , comme le plus *servile* de ses sujets,
M. Jules Anglès.

C'est bien M. Jules qui a fait exécuter les décrets de
proscription contre ceux des membres du clergé romain
qui versaient des larmes de douleur sur la captivité du
Pape.

M. Anglès est le *primus inter pares* , que l'ambitieux,
l'ingrat et le fourbe Bonaparte a nommé pour tenir la
correspondance de surveillance , depuis Fontainebleau
jusqu'au-delà de Rome ; avec l'autorisation de faire ins-
truire contre *tous ceux* qui se plaignaient du *coup
d'Etat* qui mettait le vicaire de J.-C. dans sa dépen-
dance absolue.

M. Anglès a accepté la commission de transmettre , et
faire exécuter les décrets impériaux , qui non seulement
tenaient dans un cachot obscur , le Pape , mais dépouil-
laient l'Église Romaine.

Il est donc , du nombre de ceux qui ont été anathéma-
thisés par le Pape, comme aidant Bonaparte à dépouiller
l'Eglise Romaine. (Voir la bulle d'excommunication du
10 juin 1809.)

J'ai indiqué les lettres qu'il a écrites pour faire arrêter et déporter les prêtres romains , non pas en 1809,
mais en 1812, 1813 et 1814. J'ai copié cette terrible circulaire du 26 février 1814 , insérée page 14 de la se-
conde édition de mon volume *sur la Police.*

J'ai la pleine certitude, avez-vous dit , M. Anglès père , page 11 de votre écrit, qu'on ne pourra préciser contre mon fils , aucuns de ces actes *que la conscience ou la délicatesse eût repoussés.*—Vous avez cette lettre sous les yeux. — Relisez-là.. et pleurez.

La conscience, fille de la religion, la délicatesse vertu sociale , M. Jules Anglès, vous les avez violées. — Et vous, père consciencieux, homme délicat, vous les respectez... Voilà tout ce que m'apprend votre écrit.

J'ai la pleine certitude qu'on ne pourra *préciser* aucuns de ces actes que la conscience ou la délicatesse eût repoussés ! ! !

Préciser! Le fait bien précis que vous ne méconnaissez pas, est sur les registres de la police, comme manuscrit, et l'original est à notre disposition : ainsi pas d'équivoque.

Page 11 de votre écrit, vous ajoutez : a-t-on invoqué un seul rapport officiel, un seul journal français ou italien, aucun monument du temps qui renferme la plus légère plainte contre mon fils ?

Un seul rapport *officiel* ! Ouvrez-donc les registres de la police... Un seul journal français. —La censure impériale n'avait-elle pas enchaîné les mains des journalistes. — Un journal *italien.* — Un décret portait que celui qui prendrait le parti du pape et du clergé romain, *dissident,* serait fusillé. — Un monument du temps *!* Les ordres émanés de votre Jules aux commissaires spéciaux de police, ceux transmis au général Despinois, commandant à Alexandrie, d'envoyer les ecclésiastiques romains à Gênes, pour être embarqués et déportés. — Enfin la lettre du 26 février.. Que faut-il de plus ?

Voilà des faits positifs, irrécusables : —La dépravation est dans le cœur de votre cher Jules, bon père, et le désordre est dans vos idées.

3° M. Anglès père, met en fait, que M. son fils a reçu 210,000 fr. de la vente des biens provenus de la succession de la dame sa mère, et qu'il a employé *tous* les capitaux à faire l'acquisition du domaine de Luciennes et de la terre de Cornillon.

Des habitans de Grenoble m'ont assuré que M. Anglès père, a pris en mariage la fille d'un marchand de gants à Vienne (en Dauphiné), et qu'il a épousé une dot de 150,000 fr. ; qu'il était alors avocat ; que partie de cette dot a servi à payer l'office de conseiller en la grande chambre du parlement de Grenoble ; qu'il a plusieurs enfans...

Il paraît que ces habitans de Grenoble n'ont pas connu l'inventaire fait après la succession de madame Anglès, puisque, outre les apports matrimoniaux faits à son mari, M. Jules Anglès a encore reçu 210,000 fr.

Les enfans de M. Anglès ont reçu plus d'avantages que M. leur père, puisque celui-ci, si je m'en rapporte aux extraits des contributions qu'il a fournis à la questure de la chambre des députés, ne paie que 1,300 fr. environ, et que M. Jules, d'après l'extrait du revenu des biens *utiles* de Cornillon, est imposé à 2,800 fr.

Au reste, je ne veux pas contester des faits qui sont *constans*, sans doute, par des actes sousseing qui ont été enregistrés *il y a long-temps.*

Mais s'il est vrai qu'en 1810 M. Jules Anglès a employé tous ses capitaux au paiement du domaine de Cornillon, il a dû avoir encore quelques sommes *dispo-*

nibles provenantes de toutes autres sources que de la succession maternelle ; car , après le retour du Roi , il a obtenu de madame la duchesse d'Harcourt la confirmation du contrat qui lui transmettait le bien national de Cornillon dont elle avait été proprietaire; et le droit? Combien l'a-t-il payé?

M. Anglès dit , page 2 de son *petit* écrit , qu'il est naturel de *présumer* que les enfans adoptent les principes et la marche de leurs pères.

Présumer! ! Moi, qui raisonne rarement par induction, je renvoye M. Anglès père , à la lecture de la lettre du 26 février 1814.

Et je lui demande ensuite : auriez-vous acquis le château de Luciennes ? — Oui, me répondra-t-il, parce que ce château n'a pas appartenu à Mesdames, tantes du Roi, et n'a jamais été réputé national. — Soit.

Mais le château et les ruraux annexés du domaine des Forêts , vendus *nationalement* , comme confisqués sur la famille d'Harcourt? — Les auriez-vous acquis? — Il ne répond pas.

Eh bien! M. votre fils les a achetés... Et ce titre d'acquéreur de biens nationaux lui a valu toutes les faveurs dont il a été comblé.—Le Roi revient. M. votre fils craint que cette qualité d'acquéreur de biens nationaux ne le repousse des dignités auxquelles son ambition prétend, il voit, obsède madame la duchesse d'Harcourt, et obtient , à prix d'argent , confirmation de son acquisition.—Sont-ce la les principes d'un père qui dit avoir eu , dans tous les temps, une conduite religieuse et monarchique?

Vos vertus privées , votre résignation à la retraite des

affaires publiques et politiques, comme vous nous le direz bientôt, ne vous auraient pas permis d'*aider* Bonaparte à dépouiller le pape et le clergé romain, et à vous emparer du bien d'autrui.

N'allez-pas croire, M. Anglès père, que je fais une accusation morale contre M. votre fils, parce qu'il s'est rendu acquéreur d'un domaine national ; S. M. a confirmé ces sortes de transmissions de biens... et la loi que fait le Roi, je la respecte.

Mais, je dis : si votre imperturbable attachement aux principes moraux vous eût ôté la pensée d'acheter les biens des personnes dont vos *faiblesses physiques* vous ont empêché de partager l'honneur et les malheurs, comment pouvez-vous prétendre que M. votre fils, acquéreur du domaine national de Cornillon, a adopté les principes et la marche de son père ?

4° M. Anglès père, assure que son fils a un *château* dans le domaine de Cornillon.

M. son fils a dit dans l'une de ses lettres à M. Duplessis Grenedan député, qu'il n'avait qu'un *vieux bâtiment* à trois faces.

Le père veut qu'il y ait un château, le fils prétend qu'il n'y a qu'un vieux bâtiment dans le domaine de Cornillon.

Le père affirme que le fils n'a pas fait la dépense d'un écu en *réparation* ; et le fils jure, sur son âme et conscience, qu'il n'a pas fait la dépense d'un écu en *construction*.

On songe donc à laisser tomber le château ou le vieux bâtiment, puisqu'on ne s'occupe pas de *réparer*... Accourez vîte ici, architecte, pour nous dire, qu'a-t-on fait ?

Au reste, M. Anglès n'a pas employé sa fortune à élever, aux yeux de ses co-habitans de Montbrison, un *magnifique* château.—Voilà toute la conséquence de ce *fatras polémique*... Mais le devis du château et les premières dépenses pour le construire ont-ils été faits?..On se garde bien de répondre à cette interpellation?

Je ne sais pas pourquoi MM. Anglès, dans la supposition que le *magnifique* chateau ne soit encore que dans le cabinet de l'architecte, me traitent de *diffamateur*.

1° Je n'ai rapporté que ce que M. Cahaisse a dit dans un ouvrage qui a paru en 1820, et qui n'a été contredit dans aucunes de ses allégations. Cet ouvrage a pour titre. «Supplément au Mémoire de M. Clausel de Coussergues.» Et on lit dans la note de la page 27, que le domaine de Cornillon a coûté à M. Anglès 500,000 francs, et que M. le comte y a ajouté des bois pour une somme de 200,000 francs.

M. Anglès a permis que cet ouvrage circulât dans le monde, sans le réfuter.

2° Un ministre d'Etat, un préfet de police, qui vit fastueusement depuis nombre d'années, dans un hôtel de grand seigneur, ne se fixerait pas dans un *vieux bâtiment* à trois faces, s'il était mis à la retraite ou à la réforme...... Donc, il a conçu le projet d'élever un château de *Prince*.

Et comme les plus habiles dans l'art de l'intrigue, finissent par rencontrer, même dans *leurs amis*, des hommes, ou plus aguerris, ou plus tacticiens qu'eux-mêmes, ils sont réduits à se préparer un lieu de retraite qui fournisse du moins à leurs jouissances, de beaux salons, de superbes ameublemens, une grande salle de hillard et un train de chasse , pour qu'ils ne succombent point sous le poids du chagrin , qui est toujours l'escorte de la disgrâce.

5ª M. Anglès père , dit qu'il ne tombe pas un écu dans la caisse que dirige un fonctionnaire public , dont l'entrée et la sortie ne soient constatées par un registre en forme , et il propose de décupler la somme que son fils aurait reçue, *par ses mains*, en dehors de ce qui entre dans la caisse.

Ce n'est pas là répondre à ma question.

J'ai dit et prouvé que les sommes entrées dans la caisse et retirées par M. Anglès fils, n'avaient pas eu , TOUTES , leur destination.

Les comptes de l'administration de la police sont rendus tous les ans , ajoute M. Anglès ; si les dépenses excèdent les besoins, c'est au Gouvernement à les modérer. — C'est un fait que je n'ai jamais contesté ; mais quel est le compte que rend M. Anglès fils? Il est simple :

J'ai reçu, j'ai payé le montant du budget; — Mais les sommes allouées pour les gratifications accordées aux employés et aux gendarmes, reçues par M. Anglès, leur ont-elles été distribuées? J'ai avancé qu'il n'avait donné que 1,000 f. à trois employés, pendant plusieurs années, et rien aux gendarmes; que les employés avaient fait, il y a peu de mois, une pétition à M. Anglès, pour réclamer les gratifications qui leur étaient promises ; que M. Anglès avait à sa disposition , des dépenses secrètes, des allocations pour la surveillance des maisons de jeu, etc. ; et je ne vois pas que M. Anglès père , m'ait donné satisfaction sur toutes ces *petites* misères qui forment un total d'un million et plus, par chaque année.

M. Anglès fils rendra bien compte du montant des sommes qu'il a tirées de la caisse municipale, mais en prouve-t-il l'emploi? C'est-là le point de la contestation?

Si M. Anglès a reçu et n'a pas employé les sommes sorties de la caisse municipale, et constatées par un re-registre en forme, pour le service auquel elles étaient destinées, il n'aura pas reçu, en *dehors* de ce qui est entré, mais bien en dedans de ce qui est entré dans cette caisse.

Et tant que la preuve de l'emploi ne sera pas acquise, non pas à mes yeux seulement, mais bien aux yeux du conseil municipal de la ville de Paris et du ministère, je me croirai fondé à soutenir que M. Anglès père, court risque de perdre sa fortune.

6° M. Anglès père, atteste que les filles publiques ne sont qu'au nombre de 2,800, au lieu de 18,000 dans Paris ; qu'à la vérité, chacune d'elle se présente chaque mois à des officiers de santé, pour être examinée, et verse une somme de trois francs dans les mains d'un fonctionnaire public, de qui elle reçoit une carte constatant la visite du médecin ; que le montant de cette perception dont j'ai élevé le produit net à 608,000 fr, par an, n'arrive qu'à la somme de 60 à 70,000 fr. , qui est employée au paiement des frais de cette administration particulière, et à celui des honoraires des médecins. La recette et la dépense en sont portées au fur et à mesure sur des *registres en règle*, et les états en ont été tous les ans, depuis 1815, soumis au ministre de l'intérieur.

Pour ne pas tomber dans des redites, je classerai sous cet article, la partie de l'exposé du *compte d'administration des dépenses de la préfecture de police, pour l'exercice de l'année* 1819, que M. Anglès fils fait paraître et distribuer le jour de la clôture de la session des chambres.

Suivant ce dernier, l'idée du dispensaire n'a été conçue, et le dispensaire n'a été établi qu'en 1800. Le nombre des filles publiques *enregistrées* augmenta à mesure que s'étendit l'action de la surveillance sur les prostituées, et qu'elle fut mieux organisée. En 1811, il était de 1,400; à la fin de 1813, de 1,800; en 1815, de 2,026; à l'expiration de 1817, de 2,347; à la fin de 1819, de 2;687.

Il ajoute : on ne peut douter malheureusement que le nombre des prostituées ne soit plus considérable, mais une grande circonspection obligeait l'autorité de la police à ne pas confondre un certain nombre de femmes, *publiquement* dissolues, avec celles qui faisaient habituellement ressource et comme metier de la prostitution; s'il lui avait été possible de franchir la ligne de démarcation qui existe entre la dissolution et la prostitution publique, le nombre des femmes enregistrées serait vraisemblablement aujourd'hui *triple* de ce qu'il est.

Le montant de la recette, en 1819, suivant M. Anglès fils, n'a été que de 79,000, et chaque exercice présente, une balance parfaite entre la recette et la dépense.

Un instant après, il nous apprend qu'il a existé jadis des maisons de retraites pour les filles *repenties*; qu'il s'est entretenu avec des dames respectables sur les bons effets que l'on retirerait d'une *maison de refuge* ; que, par un arrêté du 18 août 1818, il a consenti que les filles publiques *repenties* se retireraient au couvent des dames de Saint-Michel, et que l'excédent des recettes sur les dépenses serait compté chaque année au réglement du compte de l'exercice de l'année précédente, pour les perceptions et les dépenses du dispensaire de salubrité ; que cet excédent a été en 1817 de 4,000 fr., en 1818 de 4,800 fr., et en 1819 de 6,322 fr. 99 cent., et en 1820 de 10,000 fr.

Voilà en substance ce qui a été dit par MM. Anglès père et fils, sur la prostitution.

Je reprends les choses d'un peu plus haut.

Mercier, dans son tableau de Paris, a certifié qu'il y avait plus de trente mille filles publiques dans Paris ; et certes, le relâchement des mœurs, depuis que la *bienheureuse* révolution a donné une prime à la dissolution, et a affranchi de la puissance paternelle les filles âgées de vingt-un ans, a augmenté le nombre des filles qui font métier de la prostitution.

M. Anglès dit que la loi du 19 juillet 1791 n'a servi que contre les personnes qui débauchent les jeunes gens de l'un ou de l'autre sexe, et n'a appliqué aucune peine contre la vie licencieuse de ces femmes, l'opprobre d'un sexe et le fléau de l'autre.

Eh bien, qu'a-t-on fait pour arrêter les progrès du libertinage ? On nous dit qu'en 1800 on a établi un dispensaire de santé pour les femmes licencieuses, c'est-à-dire, qu'on a protégé le vice jusqu'au point de lui donner asile et protection.

Je dis, moi, que l'on a fait plus, on a établi un *bu-*

reau de mœurs dans l'hôtel de la préfecture de police, pour enregistrer toutes les femmes qui étaient saisies dans l'exercice public de leur infâme métier.

C'est-à-dire, on a donné protection aux femmes qui débauchent la jeunesse, et que la loi du 19 juillet 1791 condamne à des peines correctionnelles.

J'ajoute que, sous l'administration de M. Anglès, on a perfectionné le système de garantir les prostituées contre la sévérité des lois.

Pour avoir le privilége de faire publiquement métier de débauche, les maîtresses des maisons de passe, de ces maisons où le séducteur traîne la femme de son ami, ont fait assurer à prix d'argent, par M. Anglès, leurs maisons contre les poursuites de l'agent de l'autorité, et les filles, même au-dessous de quinze ans, ont payé le droit de trafiquer publiquement de leurs charmes avec le premier venu, et qu'enfin le vice produit des ravages affreux dans la société.

Un dispensaire a été établi, nous dit M. Anglès, et, par ce moyen, les bienfaits de l'assainissement physique ont été justement appréciés.

Il avoue qu'avant la révolution, l'habitude du travail, un plus grand respect pour les liens des familles et pour soi-même, en un mot, plus de morale et plus de pudeur régnaient généralement dans les classes inférieures de la société; les bons principes et les préceptes de la religion qu'on avait inculqués dans les cercles, avaient conservé leur force précieuse.

Il ajoute, qu'une fois que l'anarchie eut porté ses premiers coups, l'esprit d'irréligion et d'insubordination que de longue main on insinuait au peuple, l'écarta du sentier du devoir , pour le mettre sur la voie de tous les déréglemens. La prostitution alors n'eut plus de frein... Un médecin fut chargé en 1798 de visiter les femmes publiques , et établit une salle de santé. Bref , en 1810 , la police forma elle-même un dispensaire , et y attacha des médecins.

M. Anglès nous fournit le nombre des visites dans l'espace de 4 ans, il est de 258,041. En 1820 , il donne comme un résultat heureux de ses moyens philantropiques, qu'il n'y avait qu'une femme contagieuse sur neuf.

N'est-ce pas le comble de la déraison , qu'une autorité constituée prenne soin de la santé des filles publiques , et permette au neuvième de ces filles contagieuses de venir faire constater leur maladie dans son dispensaire?

La loi du 19 juillet 1791 n'atteint, dit M. Anglès, que les femmes qui débauchent la jeunesse... Et pourquoi , Magistrat, au lieu de leur en faire faire l'application, leur accordez-vous, à charge de rétribution, le privilége de s'affranchir de la peine en payant un droit pour les maisons de *passes* qu'elles tiennent.

Il n'y a pas de lois contre les filles publiques dissolues, ajoutez-vous ; cela n'est pas exact. Les lois ne punissent-elles pas les outrages faits à la morale publique, aux bonnes mœurs? les femmes *publiquement* dissolues, comme celles qui font habituellement ressource et comme métier de prostitution, outragent bien certainement la morale publique et les bonnes mœurs.

Au lieu de faire tirer vengeance de ces outrages par la justice, vous, magistrat, vous enregistrez les dernières sur un registre en règle , et quand elles ont rempli la formalité insignifiante d'une visite mensuelle, vous leur permettez de séduire et de corrompre la jeunesse.

Quant aux femmes *publiquement* dissolues que la loi frappe également, vous en trouvez quand vous voulez; puisque, vous nous parlez d'une battue de police faite pendant trois ans sur la divagation des prostituées, vous voulez dire sans doute des femmes *publiquement* dissolues qui ne paient pas un petit écu par mois au dispensaire.

Le nombre des arrestations qui a eu lieu, par ces mesures de *sévérité*, dites-vous, a été du 1ᵉʳ octobre 1815 au 1ᵉʳ janvier 1817 de 2,842. — Dans le cours de 1817, de 3,698. — En 1818, de 3,305; et en 1819, de 2811. — Total 12,656.

Il est difficile de concilier maintenant ces deux calculs faits par M. Anglès; dans son *compte rendu*, page 34, il affirme que le nombre des filles publiques enregistrées a été en 1816, de 2,345. — En 1817, de 2,668. — En 1818, de 2,682; et en 1819, de 2,687.

Et page 30, il nous assure que le nombre des arrestations des filles insoumises a été depuis octobre 1815, jusqu'à la fin de 1817, de 7,640. — Que les arrestations de 1818 ont donné la quantité de 3,305, et celles de 1819, 2811, etc., total 12,656.

Si les filles *soumises* étaient dès 1816 au nombre de 2,345, il faut en conclure que les filles soumises et celles qui ont été contraintes de se soumettre depuis cette époque, jusqu'en 1819, sont au nombre de plus de 18,000.

Et depuis 1819, il y a eu, sans doute, plus de *recrues* que de *repenties*, et peut-être même, y a-t-il eu encore des arrestations : or, en prenant seulement pour base, le arrestations des années précédentes, je suis toujours fondé à conclure que plus de 18,800 filles ont dû être enregistrées.

Car, comme l'avoue M. Anglès, la prostitution n'a plus de frein.

Il est donc difficile à M. Anglès de faire croire qu'il n'y a que 2,800 filles publiques dans Paris inscrites sur ses registres.

M. Anglès, fils, permettra de lui rappeler qu'il a renvoyé, il y a quelques années, successivement deux de ses subordonnés, parce que, chargés d'inscrire les filles soumises, ils avaient un registre pour lui, et un registre pour eux.

Il a donc dû se convaincre que le nombre des filles inscrites était bien au-delà de 2,800.

Et quand M. Anglès père, vient attester que parce que son fils soumet tous les ans au ministre de l'intérieur, les états de recettes et de dépenses qui sont portés au fur et à mesure sur des registres *en règle*, tenus dans le *bureau des mœurs*, croit-il nous donner la preuve qu'il n'y a que 2,800 filles qui payent.

Le rédacteur du mémoire de M. son fils, ayant pour titre, *Compte rendu*, porte lui-même le nombre de ces filles à plus de 18,000. Il répond pour moi —

Qui donc a reçu les petits écus des 18,000, qui vont chaque mois faire constater au *dispensaire* qu'elles persistent à être *publiquement* libertines ?

7° M. Anglès, père, consent se dépouiller de toute sa fortune, en faveur de celui qui lui montrera une ordonnance de madame Anglès, pour les dépenses relatives à des changemens de siéges de voiture, renouvellement, entretien des meubles, etc.

Point de subtilités entre nous : j'ai dit que madame Anglès avait *ordonnancé*, et j'ai cité une pièce.

Sans doute à la chambre des comptes, on ne juge que la ligne du compte sur pièces régulières.

Celle dont j'ai parlé est ainsi conçue : « compte de fournitures faites *par ordre* de madame la comtesse Anglès, » et si elle n'avait pas été visée par M. le préfet, elle aurait été rejetée.

Cette pièce constate que les fournitures ont été faites par les *ordres* de madame Anglès, et le visa du préfet confirme la vérité du fait.

La pièce n'a été allouée, que parce qu'elle a été visée par le préfet qui est l'ordonnateur en cette partie.

Il est donc constant que c'est madame Anglès qui a ordonné les fournitures.

Et cette usurpation de pouvoir a paru tellement choquante à la cour des comptes, qu'elle en a fait la remarque dans son cahier d'observations.

M. Anglès père, persiste-t-il à donner sa fortune à celui qui lui *montrera* cette pièce; qu'il m'assigne un rendez-vous dans la cour des comptes, je le satisferai, et je le prierai de donner toute sa fortune aux hospices.

8° M. Anglès père, dit que son fils n'a point dans ses attributions la chargé d'approvisionner Paris, mais seulement le devoir de surveiller dans la capitale, l'emploi des subistances, après qu'on les a fait arriver.

Il est constant qu'il y a une commission des subistances pour l'*approvisionnement* de Paris, et que M. Anglès, préfet de police, en est le président. — Il ne faut que lire les almanachs pour avoir la conviction de ces faits.

Mon chapitre sur la *disette factice* indique assez que M. Anglès a fait plus que surveiller l'emploi des subsistances ; comme préfet de police, il a vu le mouvement des bâtimens qui, apportant et remportant les blés et les farines, remontaient et descendaient la rivière... c'est-à-dire, il n'a mis aucun obstacle aux reviremens des spéculateurs ou affameurs publics, qui ont fait enchérir les denrées de première nécessité.

Pénétré de la grandeur du mal, mon fils, continue le père, a fait verser en 1817, dans les mains des douze maires de Paris, les deux tiers du traitemeut annuel qu'il reçoit de la ville de Paris (20,000 fr.)

Je ne conteste point les faits qui me sont inconnus, mais je ne crois pas non plus tout ce que dit M. Anglès. Une lettre imprimée à la date du 25 juillet et signée par M. Treverret, nous fournit une anecdote qui prouve que M. Anglès exerce quelquefois des actes de bienfaisance sans *prendre un denier dans son coffre-fort.*

« Je me rappelle très-bien, dit M. Treverret, qu'en 1818 le journal de Paris annonça que M. le comte Anglès avait versé une somme de 3,000 fr. dans une caisse de secours pour les communes de Montreuil et Belleville, dont le territoire avait été ravagé par la grêle. Les employés de la préfecture applaudirent d'abord avec le public à cet acte d'humanité, mais à la fin du mois, lorsqu'on présentât l'etat d'émargement, quelle fut leur surprise de se voir forcés, sur l'invitation de M. le préfet de police, à payer cette somme de 3,000 fr., au moyen d'une retenue de deux et demi pour cent sur leurs apointemens, indépendamment de celle qui se fait chaque mois pour le fond des pensions de retraite. Ainsi, M. le préfet eut tous les honneurs de la bienfaisance , et il en laissa toutes les charges à ses subordonnés. J'ai contribué à ces charges comme tous mes camarades. — *Ab unà disce omnes.*

9° M. Anglès père , répète , la déposition faite par son fils à la commission d'instruction des pairs , sur l'assassinat de S. A. Mgr le duc de Berri,

La réponse insérée dans mon ouvrage est appuyée des rapports de gendarmerie , qui valent mieux , je pense , que les assertions de M. Anglès fils, quoique réputées avec emphase sous le nom de M. son père.

10° M. Anglès père , n'a pas compris ce que j'ai dit relativement au baril de poudre qui a sauté dans le Palais du Roi.

Je n'ai point accusé M. Anglès de ne pas avoir prévenu et arrêté l'incendiaire , parce que je suis convenu qu'un préfet ne peut pas plus que tout autre homme lire dans l'âme d'un pervers , mais je l'ai blamé d'employer des gens qui n'empêchent pas qu'un individu , prévenu du crime d'avoir essayé de faire sauter le château, se *donne* la *mort par un coup de rasoir*, dans l'hôtel de la préfecture... et cette observation est restée sans réponse.

11° M. Anglès père , critique mes réflexions sur l'affaire de Gravier et Bouton,

Je n'ai point dit que Leydet devait garder le silence quand Gravier lui a confié qu'il avait fait partir le premier pétard. Son devoir le portait à en faire la révélation à l'autorité.

C'est ce que Leydet a fait. A l'appui de cette révélation , M. Anglès aurait dû faire observer Gravier , et il aurait trouvé , chez Bouton qu'il fréquentait à toutes minutes, les pièces d'artifice dont il avait déjà employé partie.

Une instruction judiciaire aurait dû rendre Gravier à la liberté ou nécessité sa condamnation.

Tout autre que M. Anglès aurait pris ce parti.

Au lieu qu'en commettant Leydet pour suivre et faire arrêter Gravier dans l'exécution d'un nouveau crime, M. Anglès établissait, auprès d'un coupable, un agent qui devait l'entretenir dans ses projets de récidive, pour le conduire à l'échafaud, et..., j'en frémis encore..., peut-être exposer une mère et un enfant, si chers aux Français, à périr au milieu des flammes.

M. Anglès père, a l'opinion qu'il fallait un *flagrant délit* pour condamner Gravier à mort, et moi, je suis d'avis qu'on devait éviter un *flagrant délit*.... Gravier ne pouvait échapper à une peine correctionnelle...

12° M. Anglès père, se permet de faire la critique de la loi qui autorise d'appeler des témoins pour prouver les faits imputés aux ministres et aux agens de l'autorité, à raison de leurs fonctions. Pourquoi n'a-t-il pas eu le courage de débiter à la tribune . le petit discours qu'on lit dans son libelle ?

C'est à l'occasion du procès de Pleignier qu'il fait cette remarque dont il tirera bientôt de honteuses conséquences.

Schelstein, dit M. Anglès père, n'a assisté au procès, ni comme prévenu, ni comme témoin.

Par une argutie ! en vertu du pouvoir discrétionnaire, il a été appelé comme *témoin*, et il n'a pas été trouvé Il y a procès-verbal de l'huissier commis par M. le président, qui constate les faits.

Une lettre écrite.... Le moment n'est pas arrivé où celui qui en est porteur se propose de la rendre publique.

Les révélations de Pleignier ne sont point un épisode étranger à M. Anglès fils.

Le mandat d'amener a été requis par M. Anglès contre M. Ledineur ; c'est donc M. Anglès qui a mis ce malheureux officier sous la main de justice.

J'ai imprimé les ordres de M. Anglès,.... Ils seront représentés au jour de la justice, et dès demain ils seront communiqués, en originaux, à M. Anglès père, seul , chez un notaire , s'il l'exige.

M. Anglès père conviendra qu'une proposition aussi noble et aussi loyale repousse l'idée qu'il suppose de vouloir *perpétuer le scandale.*

13° Ce n'est plus au vieillard M. Anglès , père de famille, à qui je vais répondre, mais à M. Anglès père, simple signataire ou auteur d'un libelle diffamatoire qui ne mérite que mon mépris, non pas un mépris qui se tait, mais un mépris qui parle.

Deux députés de la Chambre, dont l'un est membre de la Cour de cassation , et l'autre président d'une Cour royale, ayant tous deux un beau caractère, une opinion énergiquement monarchique , un sentiment profondément religieux , et une fermeté d'esprit que les dragées d'un Walpole ne pourraient corrompre , MM. Clauzel de Coussergues et Duplessis-Grenédan , sont, dit il , avec moi , trois intrépides champions, si bien assortis, et si dignes de la confiance et de l'intimité réciproques qui les unissent.

Auquel d'entr'eux mon fils devrait-il donc, ajouta-

(27)

t-il, intenter une action judiciaire? Aux deux députés?
Ils se retranchent derrière la tribune.

Serait-ce au sieur Robert? Il *est bien plus encore à
l'abri* des *atteintes* de *la justice*, soit *du côté de sa
réputation*, soit *du côté de ses biens. Il est insai-
sissable sous tous les rapports.*

Ma *réputation*, M. Anglès, comme politique, est
plus noble et plus honorable que la vôtre.

Vous avez, dites-vous, été toujours dévoué à la
cause, à la famille royale. — Vous aviez 54 ans lors de
la suppression des antiques corps de la magistrature ; —
L'affaiblissement de vos forces physiques ne pouvait
pas vous laisser concevoir la pensée de vous joindre aux
sujets fidèles qui se réunirent en divers temps et en dif-
férens lieux pour défendre la royauté. — Vous vous
résignâtes à une retraite absolue... Et votre retraite
fut rendue plus sévère par dix-huit mois de détention,
en 1793 et 1794, dans les maisons d'arrêt et les prisons
de la conciergerie de Grenoble, toujours menacé d'être
traîné, d'un moment à l'autre, aux tribunaux révolutionnaires..., et, en décembre 1815, le Roi daigna
vous appeler à la première présidence de la Cour royale
de Grenoble. Voilà le précis de votre carrière politique.

Je vous classe donc au nombre de ces hommes *neutres*
dans nos grandes querelles politiques, et que les comités
locaux ont pourtant mis, 18 mois en prison, non pas,
peut-être, à cause de vos opinions, puisque vous vous
étiez résigné à une *retraite absolue*, mais parce que
vous aviez été magistrat dans un parlement dont la
faction révolutionnaire avait juré d'exterminer tous les
membres.

Mais vous êtes père. En cette qualité, vous avez dû diriger la conduite de M. votre fils ; et qu'a fait M. votre fils ? Ses fonctions de directeur de la correspondance du 3e arrondissement de la police, sous M. le duc de Rovigo, sa lettre du 26 février 1814, démontrent que votre puissance paternelle est restée *neutre*, même au milieu de votre famille.

Vous n'avez pas fait de mal. — Soit. — Mais quel bien avez-vous fait ?

A 54 ans, vos forces physiques étaient affaiblies, et à 84, vous avez toutes vos facultés.

Qu'ai-je fait, moi, âgé de vingt-deux ans, simple avocat au bailliage de Cany, au commencement de la révolution ?

1789. — Les comités permanens usurpant le pouvoir municipal, forment une garde nationale. — Ils me consignent pendant trois jours dans mon domicile, pour ne pas vouloir reconnaître leur pouvoir, monter ma garde.

1790. — Je prête serment avec mes confrères de ne pas plaider devant les tribunaux constitutionnels, que nous appellions usurpateurs.

1791. — J'établis dans Fécamp une petite feuille. — Le premier numéro porte :

« Qu'il est douloureux pour moi de donner les noms de ces respectables ecclésiastiques qui méconnaissent l'autorité du chef de l'Église, pour placer leur conscience sous la constitution dite civile du clergé. »

En juin 1791, que faisait, a dit Me Claveau, dans le Mémoire de M. Tassin, le sieur Robert de Rouen ? Il a voulu dire (de Fécamp où il demeurait alors).

Un réquisitoire du procureur de la commune de Fécamp vous le dira :

« MM. Tougard de Boisrosay, de Boismilont, et Robert se sont absentés avant le 21 juin, et il y a lieu de croire qu'ils connaissaient le projet de la fuite du roi, que l'on disait avoir dirigé ses pas vers le Hâvre, pourquoi requiert qu'ils soient appelés » ; — appelés, ils prouvent qu'ils ont été passer quelques jours au château de Boisrosay, peu éloigné de la *grande route de Rouen au Hâvre.*

MM. de Mistral, commissaire de la marine, et M. Rial, négociant au Hâvre, avaient frété un bâtiment, toujours à la disposition du roi, pour qu'il sortît de France, ils croyaient que Louis XVI viendrait au Hâvre, s'embarquerait pour Ostende ou Anvers, et se rendrait à l'armée française d'au-delà du Rhin, projet plus facile à exécuter que celui tenté par la voie de Montmédi ! ! ! M. Rial était venu à Fécamp tout exprès, pour me confier une partie de ce secret important.

En octobre, je suis nommé procureur de la commune, je n'avais pas vingt-cinq ans, je refuse; une lettre écrite par M. le marquis d'Herbouville, président du directoire du département, et aujourd'hui pair de France, à M. Lemaistre de Clasville, donne le conseil d'accepter. J'accepte.

Les vexations contre les prêtres, qui prêtaient, ou ne prêtaient pas serment, qui continuaient en apparence leurs fonctions, pour recevoir le traitement, étaient plus actives. Le décret du 27 novembre 1791, qui éloignait les ecclésiastiques de la comm où il surviendrait des troubles dont les opinions religieuses seraient la cause ou le prétexte, amena beaucoup de prêtres dans Fécamp.

Il y avait parfaite tranquillité, et le port était devenu un point de communication assuré pour la correspondance de l'intérieur avec le dehors.

1792. — 27 juin. Dans l'adresse du conseil municipal, provoquée par mon réquisitoire, on lit : « C'est en présence d'un duc de Normandie, que des sujets fidèles appellent leur Roi dans une province qui s'est illustrée par son dévouement aux Bourbons ; fuyez, Sire, la ville maudite, et venez au milieu des Normands dont le sang est toujours pur, et que le virus de la révolution ne corrompra jamais... »

Septembre. — Des lois ordonnent la déportation des prêtres. Un grand nombre d'entr'eux s'embarque dans le port de Fécamp. La multitude s'oppose au premier embarquement ; elle est mise hors d'état de nuire.

Le Journal du Commerce, imprimé à Rouen, 14 septembre, n° 46, rend le compte suivant du second embarquement :

« Dimanche dernier, un paquebot anglais, venu tout exprès, a transporté des prêtres en Angleterre. La municipalité a accompagné chacun d'eux à bord. Le peuple, convaincu que les ministres satisfaisaient à la loi de l'État, n'a rien dit, n'a rien fait qui troublât leur déportation. Un seul individu, garde nationale, a crié sur la jetée, il faut couper la tête à ces B..., la porter au haut d'une pique, ou bien braquer les canons et les couler bas. La municipalité a eu la prudence de ne pas insister à rappeler la garde nationale à son devoir, vu que le peuple était assemblé en grand nombre ; mais le soir elle a mandé le délinquant. La justice en *a fait aussitôt raison.* Puissent les corps constitués montrer de la force et de l'énergie, dans des momens où la chose publique se *désorganise insensiblement.* (Extrait du Journal de Fécamp que je *rédigeais.*)

Le rédacteur de ce Journal de Commerce, qui savait que j'avais été député avec le maire, près l'Assemblée constituante, pour empêcher la vente de ceux des biens de l'abbaye dont les revenus servaient à fournir une livre de pain, chaque jour, au pauvre qui se présentait à la mense abbatiale, et que notre demande avait été renvoyée au département pour obtenir des secours provisoires, ajoute dans ce même N° :

« MM. Revel, officier municipal, et Robert, procureur de la commune, ont obtenu de MM. du département, des secours pour fournir à l'aumône journalière fondée par l'abbé de Fécamp. Oh! peuple! ce sont bien là tes amis, ceux qui abandonnent les affaires de leur famille pour penser à tes besoins... »

Une motion est faite à la société populaire par l'abbé Obrénam, curé de Maniquerville, d'abord non-conformiste, puis jureur, ensuite rétractaire, et enfin jureur, de supprimer toutes les images chrétiennes, et les *momies* religieuses.

Le même Journal de Commerce, n° 122, copie encore du *Journal de Fécamp,* l'article suivant :

« Où en sommes-nous, quel vertige enflamme certaines têtes? De quel mépris ne devons-nous pas couvrir un prêtre assez déhonté pour proposer, dans une société populaire, de supprimer toutes les images qui nous représentent le Roi des Rois? Quoi! renégat, tu as proposé à tes frères de changer l'Évangile, la Bible, etc. Mortel, de quelque limon que tu sois pétri, écoute cette leçon : si ta philosophie anti-chrétienne ne te permet pas de reconnaître un Pape, et que J. C. fût le Roi des Juifs ; si, en un mot, tu ne te rappelles plus la foi que tu as professée, même en prêtant serment, fuis comme un sauvage dans les bois, traîne ton indigne vie dans un désert, mais n'insulte pas au Dieu des vivans, respecte la Communion avec le Pape... »

Enfin, arrive le moment où il faut prêter serment à la république, je donne ma démission et viens me fixer à Paris.

Des certificats délivrés par le conseil municipal de Fécamp, portent que mes principes moraux m'ont concilié l'estime de mes concitoyens.

1793. — Arrivé en décembre, je fais un journal, ayant pour titre l'*Observateur de l'Europe*. En moins de quinze jours, cette feuille qui paraissait le soir, et ne se criait pas dans les rues, est tirée à près de trois mille exemplaires. Pourquoi ? parce que des abonnés à la Gazette de Paris, faite par M. Durosoy, dont j'avais fait connaissance lors de ma députation à l'Assemblée constituante, prirent des souscriptions ; parce qu'elle fixait chaque jour le plus vif intérêt sur les augustes prisonniers du Temple ; parce que ma correspondance avec la Vendée était exacte et active ; parce que l'ambassadeur d'Espagne, M. Oscaril me donnait ses communications avec la Cour de Madrid... MM. Petit et Maret, libraires, prenaient chaque jour, chacun 306 exemplaires de ce Journal qu'ils débitaient dans leurs boutiques..., des numéros trouvés au domicile des suspects, ont servi malheureusement de motifs au tribunal révolutionnaire pour en assassiner plusieurs d'entr'eux.

Plus de trente mandats d'amener. ont été décernés contre moi, à raison de cette feuille, par le bureau central.

Auteur de la Brochure, *Louis XVI n'est plus, et ses assassins vivent encore*, tirée à dix mille exemplaires, signée Trebor, anagramme de mon nom, je n'ai pu être reconnu par la police.

Amené au tribunal révolutionnaire en avril 1793, je n'ai évité la mort, que, parce que le prieur de Saint-André s'est reconnu auteur de la brochure par moi imprimée (il l'était réellement), et ayant pour titre... La Vérité.

Enfermé au comité des Quatre Nations, en juin, pour avoir publié le manifeste de Charette, et comme faisant un journal royaliste, j'ai quitté Paris, et je me suis jeté dans l'insurrection de Caën, ville où j'ai fait mon droit.

Cette insurrection qui avait appelé des hommes de toutes opinions, n'a fini que quand les Buzot et les Louvel ne voulurent pas que le général Wimpffen fît cause commune et communiqua avec les Vendéens ; son aide-de-camp, M. de Saint-Front, se concerta avec moi, pour jeter des cocardes blanches sur la table où nous dînions (l'hôtel de l'intendance), il fallait éclaircir nos rangs : ceux de nous qui veulent un roi de France et de Navarre, dit-il, porteront cette couleur de la monarchie ; ceux qui ne la prendront pas auront sûreté pour leur retraite. Nous ne fûmes que six sur vingt-cinq présens qui arborâmes cette cocarde ; alors l'armée fut dissoute.

1794. — Caché à Rouen, et dans les bois, pendant trois ans, je rédigeai un journal, sous le nom de ma femme qui prit son nom de fille. Cette feuille fut cause

qu'elle fut trois fois emprisonnée, et mise dix fois en
mandat devant le conseil de la commune révolutionnaire
de Rouen.—Déjà, elle avait été détenue à la petite
force comme femme d'un aristocrate en fuite, et on
avait exigé d'elle, qu'elle vendît aux sieurs Laplanche,
conventionnel, Levacher, commissaire des guerres, et
Rippert, le journal *l'Observateur*,qui avait été au-delà
de douze mille abonnés, pour 60,000 fr. qui n'ont jamais
été payés. Sa liberté fut le prix de ce sacrifice.
Le 9 thermidor m'affranchit de ma *mise hors la loi.* —
Je repris le titre de *l'Observateur de l'Europe.*

Ce fut, à cette époque, que je reçus par l'abbé Ratel,
la qualité de commissaire des princes, donné par M. Du-
theil, ministre du roi en Angleterre, pour la Haute-
Normandie, qualité qui a pris sur ma fortune au-delà de
cent mille francs, tant pour payer les gendarmes, commissaires de police, domestiques des autorités, qui
m'avertissaient des mesures prises par le gouvernement
contre les émigrés, les prêtres non conformistes, et les
agens royaux qui circulaient dans ma' province, que
pour les loyers de chambres, les frais de station, et les
secours mensuels, les impressions de brochures pour
maintenir l'esprit public, et la réimpression des ou-
vrages de Mallet-Dupan.

L'Observateur, tiré à 2, 3 et 4,000 exemplaires, a
conservé le feu sacré de la royauté dans la Normandie.

Cette feuille a été supprimée vingt fois ; et vingt fois,
elle a reparu sous de nouveaux titres. M. le comte Lanjuinais a fait rapporter par le comité de sûreté générale
tous les mandats d'arrêt qui accompagnaient chaque suppression, je me plais à lui rendre cette justice.

1795, 1796.—Au 13 vendémiaire an 4, je suis nommé

président de ma section. Elle correspondait avec celle de Lepelletier, et pour avoir tenu cette section au-delà du terme fixé par la loi (en permanence de conjuration), je fus encore obligé de me cacher, pour éviter le coup de mort.

M. Anglès père, lisez l'arêté du directoire exécutif du 5 nivose an 4, inséré dans le numéro 69, page 163 du journal des Debats. — Le voici.

« Le directoire exécutif, considérant que le citoyen Robert, rédacteur d'un journal intitulé l'*Observateur de l'Europe*, et qui paraît maintenant sous le nom de l'*Eclipse*, ne s'occupe dans ses feuilles qu'à pervertir l'esprit public, à provoquer tous les désordres, à nourrir l'*espoir des contre-révolutionnaires* ; qu'après avoir, par *ses écrits antérieurs* au 13 vendémiaire dernier, coopéré, autant qu'il était en lui, à diriger l'assassinat sur la représentation nationale, et d'exciter la rébellion contre l'autorité *légitime*, il a, par ceux publiés depuis, cherché de nouveau, comme il cherche encore *tous les jours*, à renouer les fils de la *conspiration* déjouée à cette époque mémorable, et que, sous tous les rapports, il ne peut être considéré que comme *agent de l'étranger*;

« Considérant que *les* mandats d'arrêt décernés contre lui par le comité de sûreté générale, et le représentant du peuple, Cazenave, en mission dans le département de la Seine-Inférieure, n'étant pas revêtus des formes prescrites par le code des délits et peines, il s'est fait de cette circonstance un prétexte pour ne pas y obtempérer,

« Arrête que le sieur Robert sera mis en arrestation,

scellés sur ses papiers, et traduit devant l'officier de police judiciaire, etc. »

L'*Eclipse*.—L'idée d'un pareil titre est hardie, direz-vous, M. Anglès! mais après ce titre était cette épitaphe : « Et *la fuite est permise à qui fuit ses tyrans...*

Me voilà encore, ou dans mon *grenier*, ou courant de château en château, de ferme en ferme, ou ne vivant plus que dans les bois pendant plus d'un an.,

A cette époque, je me présente devant le juge de paix, et l'officier de police judiciaire (M. Quillebœuf, homme honnête,) met fin à ma captivité.

On va nommer des députés. — Le proconsul n'ignore pas que le parti royaliste m'a mis au nombre des candidats. Il lance un mandat d'arrêt contre moi, à la veille des élections.

M. Le comte Lanjuinais le fait annuller après les nominations.

1797-1798.—Au 18 fructidor, je suis proscrit comme rédacteur de l'*Observateur*..—Je fuis, et me cache jusqu'en germinal an 8.

Le gouvernement a annoncé aux fructidorisés qu'ils pouvaient jouir de leur liberté, et qu'ils ne seraient plus inquiétés. Je consulte M. le comte Beugnot, alors préfet de mon département, qui me donne les mêmes assurances. — Je vais au spectacle, et au sortir de la salle, je suis arrêté à neuf heures du soir. A dix heures, un juge de paix et des commissaires de police viennent me dire que, réputé émigré, pour ne m'être pas rendu à l'île d'Oleron dans les deux mois d'une loi que je connaissais bien, ils constatent mon identité, et que je passerai le lendemain dès 6 heures du matin à un conseil de guerre. — Ils dressent procès-verbal, et s'en vont.

M. Beugnot est informé par ma femme qui le trouve à minuit, et de mon arrestation, et des dispositions de mes *amis;* il arrête que les poursuites seront suspendues, donne une lettre pour M. Fouché, ministre de la police, à qui on en fera l'envoi par un courrier extraordinaire, et au bout de dix jours je recouvre ma liberté.

Voici l'arrêté de M. le comte Beugnot.

« Nous préfet du département de la Seine-Inférieure,

» Vu la lettre à nous adressée par Jean-Baptiste Magloire Robert, homme de loi, le 14 floréal présent mois; l'acte émané de l'administration de police de la ville de Rouen, en date du 16, portant réquisition d'arrêter ledit Robert, comme compris dans l loi du 22 fructidor, an 5, et nominativement condamné à la déportation par ladite loi, comme auteur d'une feuille périodique, intitulée *l'Observateur* de *l'Europe,* le procès-verbal d'arrestation dudit Robert, en date du 18, la lettre en forme de réclamation contre ladite arrestation, en date du même jour 18, les procès-verbaux dressés par les commissaires de police, celle du ministre de la police générale, du 21, par laquelle le ministre nous mande qué les mesures à prendre envers ledit Robert sont purement du ressort administratif ;

«Considérant qu'en vertu de la loi du 4 nivôse, et par un arrêté du 13 du même mois, le gouvernement a rappelé la presque totalité des journalistes atteints par la loi du 22 fructidor, et qu'il a manisfesté, par plusieurs actes l'intention d'user, à l'égard de tous, de la même *indulgence:* — arrête que Robert sera mis en liberté; les scellés apposés sur ses papiers, levés, et que Robert restera

cependant sous la surveillance de la municipalité , jusqu'à ce qu'il en soit autrement ordonné.

—Donné le 25 floréal an 8 : *signé*, Beugnot. »

Je reparais sous le titre de *l'Observateur de l'Europe*.
Tous les mois , nouvelle suppression , nouveau titre.

1799. — 1800 jusqu'en 1804. — Enfin mes bons amis ,
et la police trouvent un moyen expéditif pour se débar-
rasser d'un *folliculaire* qui avilit le gouvernement ,
pour le détruire , et attaque sans cesse les petits tyrans
locaux qui enferment et tuent les royalistes.

Ils imaginent de faire frapper d'un timbre qu'ils disent faux , vingt feuilles de papier servant à l'impression
du journal , et au jour convenu , on fait une descente
dans mon imprimerie , dont je ne m'occupais nullement ,
pour trouver un faux timbre ; on ne trouva rien.

On instruit , je me constitue volontairement en prison.
Mais les *malins* ramassent vingt numéros du journal ,
à Lisieux et dans d'autres endroits , où ils savaient bien
qu'ils avaient été adressés , et voilà une procédure en
règle.

On n'eut pas le temps de faire disparaître les registres
qui prouvaient que les fonds par moi payés , étaient
suffisans pour acquitter tous les droits de timbre , et
que cette administration m'était entièrement étrangère.

On convoque le jury d'accusation , on ne le réunit
pas ; on le convoque encore , c'est-à-dire , on gagnait du
temps pour faire décider par le corps législatif , que ces
sortes de crimes seraient jugés par les cours spéciales.

Je n'apprends que tardivement cette petite conspiration contre ma personne. Aussitôt que j'en suis instruit , je me fais ouvrir les portes de la prison. Je me

rends à Paris , et fais décréter , encore par l'influence de M. le comte Lanjuinais , que ces sortes de crimes entrent dans la compétence du tribunal spécial de Paris , exclusivement chargé de poursuivre les contrefaçons du sceau de l'État.

Je me rends chez M. le procureur général du tribunal spécial de Paris , pour qu'il m'envoie en prison. M. Gerard prend mon adresse, me laisse en liberté , écrit au ministre de la justice, pour avoir la procédure faite à Rouen , et la reçoit au bout de deux mois.

Je me présente au commissaire juge qui m'intéroge, fait son rapport à la Chambre , et la Chambre , par arrêt du 20 fructidor an 12 , prononce qu'il n'y a lieu à aucunes poursuites contre moi , et me renvoie en liberté , liberté que je n'avais pas perdue depuis mon évasion de Rouen.

Mes *Bons amis* et la police sont donc en défaut.

1806—Ennuyé de tant de vexations et de tracasseries , je vends la propriété du journal et l'imprimerie à M. Marie , mon prote , et je reprends ma profession d'avocat que je n'avais exercée pendant les intervales de mes angoisses que pour défendre des émigrés , des vendéens et des chouans.

Je suis le barreau. Ma clientelle est nombreuse..... Un jour , un avocat fait un pompeux éloge de Bonaparte , et je me permets de dire qu'il fallait attendre 10 ans après sa mort , pour savoir s'il n'est pas l'Attila du monde...

1811—Je me fixe dans Paris.

1814—Au retour du Roi , je suis nommé commissaire extraordinaire de S. A. R. Monsieur , dans une province où les troupes tenaient encore au parti de Napoléon. — Le Roi se rendit à Gand — Je vais rejoindre Sa Majesté

1815 et années suivantes. — J'écris sur la jurisprudence et sur les abus du temps. — Je fais et donne des consultations.

Voilà M. Anglès père, ma vie politique, presque jour par jour; elle a pour ornement une couleur bien blanche, *facile à saisir*.

Voulez-vous ma vie civile ?

Mon père, assez fortuné, car tout est relatif dans ce monde, a perdu sa fortune, en prêtant son argent à des hommes de mauvaise foi, et n'a pas voulu payer un seul de ses créanciers avec des assignats. — Il en avait, cependant, de ce papier-monnaie; j'en ai trouvé des milliers après sa mort.

Je suis venu au secours de mon père, qui a demeuré et est décédé chez moi; — ma mère qui a vécu long-temp dans ma maison, et qui a fini ses jours à l'âge de 66 ans, chez ma sœur, recevait, de moi, une pension honnête; — mes deux frères, j'en ai mis un dans un Collège, et je leur ai procuré à tous deux un état honorable.

J'étais en 1808, sénéchal de d'Aubeuf, justice qui appartenait à M. d'Aubeuf de Senneville, dont M. le marquis d'Aligre a épousé la fille unique.

Ayant juré de ne pas exercer la profession d'avocat devant les nouveaux magistrats, que nous regardions alors comme des *intrus*, j'achetai une imprimerie, et je me fis homme de lettre.

Mes concitoyens pourraient attester que, si chaque

année, je tirais de cet état, plus de 20,000 fr. de revenu, un tiers au moins a toujours été consacré au secours des malheureux, et les infortunés ecclésiastiques de la Belgique, qui ont passé par Rouen pour être déportés dans l'île d'Oleron, peuvent dire que mon argent a rompu les fers dont ils étaient chargés, et donné du linge à ceux d'entr'eux qui en manquaient.

Mes enfans, exepté ma fille née dans un temps moins calamiteux, ont tous été baptisés dans des chambres par des prêtres insermentés, et tous portent les prénoms de familles royales.

Le journal était productif. Fatigué des vexations et des tracasseries sans nombre que j'avais éprouvées pendant les temps révolutionnaires, je vendis la propriété du journal et de l'imprimerie.

J'employai les 54.000 fr., prix de ces objets mobiliers, à acquérir une belle propriété, sise à Rouen, et à bâtir sur ses côtés latéraux et sur le devant.

Cette propriété, sur laquelle est assise une *rente foncière*, créée avec l'acquisition, a toujours été louée 5,300 fr.

Mes économies, et la part de ma femme dans la succession paternelle, m'ont mis à portée d'acquérir un domaine sis près Tancarville, qui, acheté par 50,000 fr., m'a constitué en dépenses de plus de 25,000 fr. pour réparer le château, replanter la mesure et les terres. Elle est louée, francs, deniers, et net 2,400 fr.

J'ai acheté 1,400 fr. de rente foncière, au capital de 30,800 fr. Le débiteur a élevé des contestations civiles sur les droits de mon vendeur, qu'il a soutenu être son débiteur, par la fiction de la compensation. Il a gagné son procès à Rouen, en 1812, et il l'a perdu à Paris, en 1820; un arrêt de la cour royale, a décidé la question en faveur de mon vendeur.

C'est ainsi que mon cabinet et mes économies jointes à la part de la fortune de ma femme, ont fondé ma fortune.

Des raisons *politiques*, le montant de mes revenus, et mes liaisons avec M. Bitouzé – des - Linières, ancien avocat normand, me portèrent à traiter d'un office d'avocat à la cour de cassation. M. Poncet, avoué, fit des propositions à M Piconnet. —M. Musnier de Closeaux, nommé juge au tribunal de Troyes, se mit en rapport directement avec moi, en 1811. M. Saladin m'invita à rester deux ans avec lui, pour me vendre son titre et son cabinet d'avocat à la cour de cassation (j'ai la correspondance). M. Descloseaux mourut sur son siége, et je ne pus pas m'entendre avec ses deux anciens confrères. J'étais cependant sur le point de terminer avec M. Saladin, quand la mort l'enleva.

Je m'étais fixé à Pâques 1811, à Paris. Le certificat du commissaire de police de l'île Saint – Louis en fait foi.

Le décret du 14 décembre 1810, qui attentait aux statuts de l'ordre des avocats, ne reçut son exécution à Rouen, qu'en mai. L'installation de la cour impériale n'eut lieu que le 10 avril.

Je reçus le 9 avril une lettre des deux plus anciens confrères qui m'invitaient à assister à cette installation. Je répondis que je demeurais à Paris.

Une circulaire du 17 avril de M. Carrel, président de la cour impériale (celui qui avait présidé long-temps au tribunal spécial), invita les avocats à se rendre le 23 avril, devant une commission de *trois* qu'il présidait, et à faute de ce faire, il déclarait qu'ils ne seraient pas portés sur le tableau. Cette lettre envoyée par la poste à mon ancien domicile à Rouen, me parvint le 23 à Paris, et je répondis à M. le premier président de la cour impériale (M. Thieu'en), que mon domicile actuel était à Paris.

Je ne suis donc pas, et je ne pouvais pas être mis sur le tableau des avocats à Rouen. (J'ai cette correspondance dans les mains).

Sur la fin de 1812, je demandai à être admis au serment d'avocat, à Paris. M. Legoux, alors procureur-général, fit prendre, par M. le grand-juge, des renseignemens sur ma moralité, et M. le premier président eut la bonté de donner son témoignage d'estime.

Je prêtai mon serment le 2 janvier 1813.

Je demandai ensuite à être admis sur le tableau des avocats de Paris ; on exigea un certificat du conseil de discipline de ceux de Rouen.

Je fis plus, j'apportai au ministre de la justice, non pas un certificat des sept membres qui composent le conseil de discipline des avocats de Rouen, mais un certificat des douze avocats plaidans, qui étaient et sont devenus, tous, membres du conseil.

Le ministre de la justice, en vertu de ses attributions, me déclara *stagiaire*.

En mai 1814, j'avais une cause à plaider à Rouen. Le ministre me donna, à cette date, l'autorisation voulue par le décret du 14 décembre 1810.

« Autorisons M. Robert, avocat à la cour royal, et

stagiaire, dit ce ministre, de plaider devant les tribunaux de Rouen, et autres du département de la Seine-
Inférieure, les causes dont il est et pourra être chargé ».

M. le chancelier d'Ambrai est nommé ministre de la
justice, et je demande que cet honorable Chancelier, qui, ayant demeuré à Rouen, a connu, depuis
1793, ma vie politique et civile, confirmât ma qualité.

Le 17 juillet 1814, M. le Chancelier me fait cette réponse :

« J'ai reçu, Monsieur, les lettres que vous m'avez en-
voyées hier, et j'ai lu avec *intérêt* les explications qu'elles
contiennent sur votre position, comme *avocat*. Je vois
que vous n'avez pas été rayé du tableau des avocats de
Rouen, mais OMIS (1). Votre admission au *stage* devant
entraîner bientôt votre inscription au tableau de Paris ,
la permission de plaider dans plusieurs départemens (*) ,
que vous avez obtenue du ministère de la justice, *prouvent* assez CLAIREMENT que vos droits , comme avocat,
SONT ENTIERS. Le certificat individuel des avocats les plus
estimés , comme les plus estimables de Rouen (M. le
chancelier les connaît tous), paraît répondre en même
temps aux autres inculpations qui auraient pu être diri-
gées contre vous , non pas à raison de vos opinions politiques, qui, depuis *nombre* d'années ont été *parfaites,*
mais à raison de vos fonctions et de vos relations *comme
avocat*. »

Voilà encore un abrégé de ma vie civile, qui est très-
facile à saisir

Quant à ma fortune, M. Anglès père n'a pu ignorer

____

(1) *Omis* — n'est pas le mot.
(*) Tribunaux du département de la Seine-Inférieure.

que j'ai été porté il y a deux ans sur la liste électorale du département de la Seine (Paris), comme éligible , et que , si je n'ai pas représenté, l'année dernière, mes certificats d'impositions, c'est parce que la loi nouvelle exigeait de nouvelles formalités, que mes certificats ne me donnent point une somme de 1,800 fr., qui était jugée nécessaire pour être électeur du collège du département de Paris , et que je suis toujours disposé à les faire valoir, soit comme électeur, soit même comme éligible.

Ma fortune immobilière consiste en une maison sise à Rouen , louée 5,300 fr. , et en deux fermes sises à Saint - Jean - des - Essarts , près Tancarville , louées 2,400 f. net.

J'ai deux rentes , l'une foncière de 1,400 f. , et une autre de 400 f. hypothécaire , ce qui donne un revenu de 9,500 f.

Mes charges consistent 1° en 1,000 f. de rente affectée sur ma maison , avant son acquisition ; 2° en 1,250 fr. de rente hypothéque , et en deux créances hypothécaires , montant à 15,000 fr. , ce qui réduit maintenant mon revenu à 6,500 fr.

Si MM. de Cazes et Anglès n'avaient pas ruiné l'établissement d'un Journal qui avait coûté plus de 36,000 f. pour l'élever, par un arrêté arbitraire qui l'a supprimé ; s'ils ne m'avaient pas fait dépenser plus de 4,000 fr. , lors de mon injuste arrestation pendant plus de six mois, avec mon fils aîné ; si... , je ne devrais pas une obole... , mais , des rentrées prochaines et des économies feront disparaître les charges qui peuvent être exigées....

M. Anglès père, sait donc à présent , que je suis *sai-sissable* , aussi dans mes biens.

Maintenant je demanderai à M. Anglès père, s'il n'est pas honteux d'avoir prêté son nom à un fils anathémathisé par le Pape, en haine à tous les hommes de bien, tournant sa conscience vers le pouvoir qui paye, pour servir ses viles passions, accréditer ses infames dillamations.....

Je ne scruterai point la vie civile de M. Anglès fils ; elle n'appartient point à l'historien qui n'écrit que dans l'intérêt public. Ses passe-temps joyeux, je ne les troublerai pas.

Je finirais bien cet écrit par démontrer que M. Anglès père a péché par omission, contre mon *Adresse* aux Chambres.

Mais il suffit de dire que M. Anglès m'a mis sur la ligne de deux honorables députés, dont l'un, M. Clausel de Coussergues, a déjà battu en ruine l'édifice de mensonges et de déclamations élevé par M. Anglès père, pour cacher son fils (1)...

Son fils! il se tait... Il a perdu le droit de parler.

M. ROBERT.

FIN.

---

(1) M. Anglès, Préfet de police, a travaillé aussi à cet ouvrage ; il a fait les bandes et les adresses, pour en envoyer des exemplaires aux commissaires de police, et dans les cafés.